Märchenstraße 4 wohnt Familie Wir

DETLEF FÄRBER

MÄRCHENSTRASSE 4

wohnt Familie Wir

Geschichten mit Gedichten

Illustriert von Thomas Leibe

mitteldeutscher verlag

RITTER DIETER RETTET RITA

Dieter heißt der große Ritter
mit der Hose ohne Knitter.
Seine Westen, seine Kleider
sind vom besten Eisenschneider.

Gern mimt Dieter mal den Schelm
oder kullert mit dem Helm,
nur bei Lärm und bei Getöse
wird der gute Ritter böse.

Wenn die Räuber in den Höhlen
liederliche Lieder grölen,
kommt er ritterlich geritten,
um sich Ruhe auszubitten.

Um ein bisschen Stille kämpft er,
auch des Drachen Stimme dämpft er,
denn es macht des Drachen Krach
immer nachts die Nachbarn wach.

Ritter Dieter klärt die Sache,
hält am Drachenrachen Wache,
hebt, wenn's nötig wird, sein Schwert ...:
Schon ist Ruhe eingekehrt!

Ritter Dieter reitet wieder

Schlimmer als der Drache stört
Riese Rudi, der nichts hört,
dafür dauernd rülpst: So laut,
dass es auch den Ritter graut.

Wenn er nicht rülpst, schnupft der Riese
eine riesengroße Prise
Nieselpriem – und schnäuzt sich wild:
Ritter Dieter hebt sein Schild ...

... und der Schnupfen prallt zum Glück
in des Riesen Schlund zurück,
drückt aus seinen Ohren Möhren –
seither kann er wieder hören:

Ist seither ein leiser Riese,
sorgt für Ruhe auf der Wiese,
lässt den Drachen nur noch summen,
und die Räuber ...? Lässt er brummen.

Unbesiegt bleibt Ritter Dieter,
aber bei Gewitter flieht er!
Denn am liebsten blitzen Blitze
mitten auf die Rittermütze.

Also macht der Ritter kehrt,
wenn es donnert – wenn er hört,
wie die Rittermutter wimmert,
weil das Wetter sich verschlimmert.

Ritter Dieter hinter Gitter

Ritter Dieter kommt derzeit
mit der Rüstung nicht mehr weit,
dauernd lauert ein Gewitter,
das ist bitter für den Ritter.

Heim auf seine Burg mal wieder
flitzt, wenn's blitzt, nun Ritter Dieter,
sitzt im Turm dann hinterm Gitter
und spielt Lieder auf der Zither.

Schaut ins Land hinaus und sieht …: Da
kommt das Rittermädchen Rita.
Ihre Westen, ihre Kleider
sind aus Eisenresten. Leider.

Rittermädchen Rita heult,
denn ihr Helm ist halb verbeult.
Eine Lanze, einen Harnisch
hätt' sie gerne – hat sie gar nich.

Und ihr Pferd hat sie verbummelt,
noch dazu: Im Magen grummelt
es bei Rita unterdessen,
denn sie hat noch nichts gegessen.

Ritter Dieter zithert Lieder

Dieter, auf den ersten Blick,
findet Rita trotzdem schick.
Wegen ihrer Schrottklamotten
würde er sie nie verspotten.

Dieter hilft ihr aus der Klemme,
schenkt ihr seine Frühstücksbemme,
lässt das Rittermädchen naschen
ritterlich aus seinen Taschen,

nimmt sie mit in sein Gemäuer,
macht im Kachelofen Feuer,
reicht dem Mädchen einen Schnongs,
singt und zithert Ritter-Songs

und ..., hier endet nun die Sage.
Dieter stellt die Ritterfrage:
Rita, hast du heute NOCH Zeit?
Komm mit hoch, wir feiern Hochzeit!

DAS KÜCHENUNGEHEUER

Die Kakerlake Max
spazierte eines Tags
quer übern Küchenherd.
Das hat den Koch gestört:

Pass auf, du Ungeheuer,
wenn ich die Küche scheuer'
in wenigen Sekunden,
dann bist du hier verschwunden!

So wütete der Koch,
Max Kakerlak jedoch
verkroch sich nur zum Schein
und schlich sich wieder ein.

Er dachte: *Ist mir schnuppe,*
gleich schwimm' ich durch die Suppe
und krabbel' dann – na und! –
vom Löffel in den Mund

des Kochs, wenn der probiert,
mal seh'n, wohin das führt ...:
Ein Küchenungeheuer
mit Lust auf Abenteuer!

Der Koch jedoch entdeckte,
als er die Suppe streckte
und ein paar Löffel aß,
wer da am Topfrand saß:

Und brüllte: *Heute jage
ich diese Kakerlake!*
Doch wie der Koch auch hüpfte,
Max Kakerlak entschlüpfte.

Es kam der Kammerjäger
samt Kakerlakenschläger:
Er schlug, doch kurz davor
floh Max ins Abflussrohr.

Der Klempner kam geeilt
und hat das Rohr zerteilt,
doch Max war vor den Zangen
auf Tauchstation gegangen,

wär' um ein Haar ertrunken
und im Kanal versunken.
Er schrie: *Nie wieder störe
ich diesen Koch – ich schwöre!*

Das Glück half endlich weiter
und ein Kanalarbeiter,
denn über seine Nase
sprang Max bis auf die Straße,

wo prompt ein Musikant
mit Leierkasten stand,
der hat ihm über Nacht
den Stepptanz beigebracht.

Max Kakerlak, ganz klar,
wird nächstens Fernsehstar,
verfilmt sein Abenteuer
als Küchenungeheuer.

NESSIE, HAPPY MONSTERIN

Ganz ungeheuer Stress
hat Nessie in Loch Ness:
Muss Wanderer erschrecken
und sich im Teich verstecken.

Im Wasser haust das Biest,
ist weiblich, wie du siehst,
heißt Nessie und ...: Schau hin,
so treibt's die Monsterin!

Macht mächtig Wind, schlägt Wellen,
die bis zum Himmel schwellen,
braust wie die Achterbahn
dann quer durch den Orkan,

greift hinterher zum Striegel,
kämmt sich am Wasserspiegel
und macht sich richtig schick
für ihren nächsten Trick,

lässt abends aus dem Dunkeln
die Augen schaurig funkeln,
sie faucht und jault laut –
kann nicht aus ihrer Haut!

Monsterin mit Königin

Des Landes Königin
heißt Queen – und immerhin
wird sie zutiefst bewundert,
denn sie ist fast schon hundert.

Dann hört sie, was passiert,
und ist nicht amüsiert,
will über Nacht, beim Schlafen,
die Monsterin bestrafen.

Das kriegt sie sauber hin,
die Queen, als Zauberin:
Zückt vor Loch Ness ihr Buch
und stößt ihn aus, den Fluch:

Den Spruch: *Sei unsichtbar!*
Sei ein Geheimnis, klar!
Denn nur im Sommerloch
braucht deine Queen dich noch.

Am Morgen dann, im Teich,
denkt Monster Nessie gleich:
Mein Spiegelbild ist leer ...?
Jetzt gibt es mich nicht mehr!

Gruseltier als Souvenir

Seit Nessie nicht mehr spukt
und aus dem Wasser lugt,
sich niemand fürchten muss,
kommt Tag für Tag ein Bus.

Touristen suchen hier
am Teich ein Souvenir
als Gruseltier, als Gag –
und sind schon wieder weg,

gehn dann ins Gasthaus speisen,
bevor sie weiterreisen,
und werden nie erfahren,
wie nah sie Nessie waren.

Ihr Gastwirt weiß jedoch:
Na klar gibt's Nessie noch!
Sie blubbert im Gewässer
und fühlt sich wieder besser.

Pitschnass und doch mit Feuer,
sich selber nicht geheuer
ist Nessie und – mal ehrlich:
Sie macht sich unentbehrlich!

Schau, wie das Wasser schäumt:
Jetzt duscht sie sich! Jetzt träumt
das Monster von Loch Ness
vom Glück, von Happiness.

SONNENKÖNIG SCHLUDRIG

Der Sonnenkönig Schluderig
sitzt auf dem Thron und pudert sich,
denkt, dass er wie die Sonne glänzt,
sieht aber aus wie ein Gespenst.

Weil Schludrig sich nur selten cremt,
sich niemals wäscht und sich nicht schämt,
stinkt es im Schloss schon überall
und schlimmer als im Schweinestall.

Sooft die Diener sich bemühen,
den König heimlich einzusprühen
und dann und wann vielleicht zu lüften,
brüllt Schludrig: *Wollt ihr mich vergiften?*

Dann flüstert er: *Parfümgestank
und Seifenschaum macht beides krank.*
Worauf sich alle Blicke senken,
denn niemand will den König kränken.

Jedoch bei dessen üblem Duft
sehnt jeder sich nach frischer Luft,
bis erst die Diener, dann die Wachen
sich heimlich aus dem Staube machen.

Und hinterm Thron verduften schon
das Edelfräulein, der Baron.
Des Königs hoher Staatsbesuch
sucht vor dem Tor sein Taschentuch.

Dort sucht der Kronprinz die Geschwister,
zur Tür verdrückt sich der Minister,
dann schleicht die Königin hinaus
und löscht zuletzt die Lichter aus.

Der Sonnenkönig Schluderig
sitzt auf dem Thron und wundert sich,
denn er ist plötzlich ganz allein:
Da fällt ihm sein Geburtstag ein.

Na klar, denkt Schludrig: *Jetzt gerade
beginnt bestimmt die Festparade –*
und hört mit Pauken und Trompeten
Millionen Mann den Hof betreten.

Er stürzt zum Fenster, lacht und winkt.
Prompt ruft ein Kind: *Der König stinkt!*
Und Schludrig sieht von seinem Volke
auf einmal nur noch eine Wolke.

Der Sonnenkönig aber glaubt,
die Wolke habe ihn bestaubt.
Und also duscht sich Schluderig
und duftet bald wie du und ich.

Im Herbst 1989.

GEWÖHNLICH STÖHNT EIN KÖNIG

Ein König stöhnt gewöhnlich,
wenn ihm höchstpersönlich
seine großen Fürsten
noch die Hosen bürsten
und die Schuhe wienern:
Wenn sie vor ihm dienern.

Also ist der König froh,
muss er plötzlich dorthin, wo
niemand helfen kann, denn dann …?
Strengt er sich persönlich an,
stöhnt gewöhnlich
wie ein König:

Klingt doch schön,
nich!

DER POLIZIST VON CHINA
Nach einem Witz

Dies ist eine Geschichte auf Chinesisch.
Sie beginnt mit dem Dieb von China.
Er heißt *Lang-fing*.

Der Dieb möchte ein Goldstück haben, das ihm nicht gehört.
Also streckt er *lang-fing-flink* die Finger aus und stiehlt es.

Der Besitzer des Goldstücks ist nun traurig
und ruft nach der Polizei.
Er ruft: *Fang-lang-fing!*

Der Polizist von China hört den Hilferuf und eilt herbei.
Er hat schon so manchen Dieb gefangen.
Darum heißt er *Lang-fing-fang*.

Weil der Dieb das Goldstück gestohlen hat,
fürchtet er sich vor dem Polizisten.
Als er ihn kommen sieht, denkt er: *Spring-lang-fing!*
Und läuft davon.

Der Polizist sieht nicht, wohin der Dieb gelaufen ist.
Darum ruft er seinen Polizeihund *Lang-fing-fang-wau*,
und der schnüffelt dem Dieb hinterher.

Leider kann der Polizist von China
nicht ganz so schnell laufen wie sein Hund.
Darum fährt er mit dem Polizeiauto *Lang-fing-fang-brumm*
einmal rings um China rum.

Und schon hat der Polizist den Dieb fast eingeholt.
Doch der Dieb nimmt die Beine in die Hand und rennt weiter.
Darum wirft der Polizist nach ihm sein Lasso *Lang-fing-fang-
   schling,*
und schon ist der Dieb gefangen.

Nun muss er ins Gefängnis *Lang-fing-weg-schließ.*

Dorthin bringt ihm der Polizist von China
nur trocken Brot *Lang-fing-ham-ham*
und Wasser *Lang-fing-gluck-gluck.*

Bis der Dieb eines Tages einsieht:
Es ist nicht gut, ein Dieb zu sein.
Lang-fing-nein-nein!

PURZELBAUM NACH AFRIKA

Die Bäume in der Baumschule hatten ein Lieblingsspiel.
Sie spielten Wetter. Schon beim kleinsten Lüftchen bogen sie sich
hin und her.
Der Baumschullehrer sah das gar nicht gern.

Bäumchen, die sich biegen,
fallen um und bleiben liegen,

schimpfte er und hob den spitzen Ast.

Baumschulkinder, aufgepasst:
Lasst die Winde,
lasst sie wehen,
wir Bäume bleiben aufrecht stehen!

Doch der Wind war für jedes Baumschulkind der liebste Spiel-
gefährte.
Wenn er brauste und die Blätter zauste, purzelten sie alle auf die
Erde.

Eines Tages strich und pfiff um den Baumschulhof herum ein
fremder Wind.
Aus der fernen Wüste hatte er sich in den Wald verirrt.
Darum strich der Wüstenwind verwirrt von Baum zu Baum,
denn er kannte ja bis dahin Bäume kaum.
Die Baumschulkinder, wie wir wissen, waren wieder hingerissen:

Was für ein Wind!
Und so geschwind!

Nur der kleinste Baum rauschte rasch:

Also mir weht er immer noch zu lasch.

Gerade das kleinste Bäumchen konnte nämlich nie genug bekom-
men vom Toben und Herumtollen mit Wind und Wetter. Auch
wenn die anderen längst wieder Geradestehen übten, purzelte
es weiter. So sehr gefiel ihm das Spiel. Dem Wüstenwind jedoch

gefiel gerade dieses Baumschulkind. Deshalb bückte er sich und pflückte es.

Dann holte er aus dem Latz seiner Windhose für das Bäumchen eine Rose.

Das war so seine Masche. Hinterher steckte er beide in die Hosentasche.

In der Windhosentasche flatterte und knatterte der Sturm erst einmal richtig los.

Hier hatte das Bäumchen seinen Spaß und vergaß völlig, wo es war.

Doch nicht lange, dann wurde ihm bange.

Es rief:

Wo bin ich?,

denn es sah nicht, was geschah. Aber da strich der Wind mit ihm schon übers Meer nach Afrika.

Die Reise wollte gar nicht enden. Doch als der Wind ein weites, leeres Land erblickte,

freute er sich sehr und nickte:

Ja, er war nach langer Pause
endlich wieder mal zu Hause.

Und er grüßte ringsherum die ganze Wüste.

Von seiner Reise hatte er ja auch was Schönes mitgebracht.

Das Bäumchen wollte er der Wüste schenken. Nur wohin damit?

Das musste nun der Wüstenwind bedenken.

Doch als er ringsum durch die Gegend strich, da sah der Wind, wie unter ihm ganz einsam eine Brillenschlange schlich. Sie ruhte aus, just wo der letzte Kaktus stand.

Wohin die Schlange schaute, sah sie nichts als Sand.

Sand, nichts als Sand, wir sind am Ziel, so jubelte der Wind.
Gleich holte er das Bäumchen samt Rose aus der Hose und ließ sie
beide langsam durch die Luft hinuntersegeln.
Doch was war das dort unten für ein öder Ort! Der Kaktus weilte
hier schon lange. Nun langweilte sich auch die Schlange.
Sie schlängelte, doch nur im Traum, hinauf auf einen Apfelbaum.
So hielt sie ihre Mittagsruh'. Da plötzlich kam aus heiterem Him-
mel das Bäumchen hinzu.

Als das Bäumchen nach seiner langen Luftfahrt im Sand landete,
war ihm alles fremd. Kein Baum, kein Strauch!
   Wo bin ich hingeraten?
Der Kaktus stichelte und sagte:
   Dreimal darfst du raten.

Aber das Bäumchen hatte keine Lust zum Raten. Es hatte Durst. Doch nirgends entdeckte es ein Pfützchen Wasser. Auch nicht einen Tropfen! Keine Wolke stand am Himmel.

Die Rose welkte vor sich hin. Der Kaktus stichelte schon wieder:

Herzlich willkommen in der Wüste!

Das Bäumchen stöhnte nur:

O Schreck, wie kommt man hier je wieder weg –
wenn ich das wüsste?

In diesem Augenblick klappte die Schlange ihre Augen auf und blickte sich um. Was war das? Noch einmal lugte sie durch die Brille. Ein Baum! Eben hatte die Schlange noch von einem Baum geträumt, und schon lag einer im Sand – wenn auch nur ein kleiner.

Doch was hörte sie: Das Bäumchen wollte wieder fort!
Was sah sie: Das Bäumchen versuchte mit den Ästen den Wind zu
erhaschen. Die Schlange erschrak. Schnell rief sie:

Nein, nicht weiterpurzeln!
Bleib hier bei mir, schlag in der Wüste Wurzeln!

Trotzdem reckte und streckte das Bäumchen weiter seine Äste
aus.
Aber es bekam keinen Zipfel vom Wind zu fassen. Denn der Wüstenwind hatte sich gerade gelegt.

Genug gefegt,
säuselte er noch vor sich hin. Dann war er ganz still.

Dafür kam nun die Sonne heraus. Sofort wurde es glühend heiß.
Die Rose ließ das Köpfchen hängen, und die ersten Blätter des
Bäumchens verdorrten. Besorgt klapperte die Schlange:

Steck deine Wurzeln in den Sand,
sonst kriegst du einen Sonnenbrand!

Aber das Bäumchen war inzwischen ganz schwach und sprach:

Liebe Schlange, ich muss sterben.
Du sollst meine Rose erben.

Als die Schlange das hörte, fing sie an zu weinen.
Da fiel eine Träne auf die Wurzel hinunter.
Sofort war das Bäumchen wieder munter.

Wie kommt denn das?
Ich werde nass!
Die Schlange musste lachen:

Das war ein Tröpfchen Wüstenwasser. Steck deine Wurzel
in den Sand, dann wirst du noch viel nasser.

Nun ließ sich das Bäumchen nicht mehr länger bitten. Sachte schob es die ersten Wurzelfasern in den Boden. Wie leicht das ging! Der Sand war so weich, dass im Handumdrehen alle Wurzeln in der Erde steckten. Die Schlange gab noch einen Ruck dazu, und schon stand das Bäumchen kerzengerade.

So wurde aus dem Purzelbaum ein Wurzelbaum.

Der streckte seine Äste gleich tapfer in die Wüste,

worauf die Schlange ihre Brille abnahm und ihn küsste.

Schließlich wollte das Bäumchen auch Wasser aus dem Boden ziehen.

Es sog und zog, wie es das in der Baumschule gelernt hatte.

Doch wie es sich auch plagte, es kam kein Wasser. Das Bäumchen wurde blass und blasser.

Wo bleibt die Nässe?

Die Schlange drängte:

Drück du nur und presse die Wurzel durch die Bodenritzen!
Denn unterm Sand tief unten liegt das Land der Pfützen.

Wenn das so leicht gewesen wäre! Die Wurzel wuchs bald immer langsamer.

Und das Land der Pfützen lag in großer Ferne. Die Schlange dachte nach:

Bevor ich helfen muss,
helf' ich doch lieber gerne.

Flink schlängelte sie durch den Sand hinunter, durch die Bodenritzen in die Tiefe. Aber inzwischen wurde das Bäumchen immer schwächer.

Wer holt mir Wasser,

rief es,

einen Eimer oder einen Becher?!

Die Schlange hatte mittlerweile das Land der Pfützen erreicht.
Es lag tief unter der Wüste. Hier gab es überall zu trinken. Überall
tropfte es, blubberte, sprudelte, schäumte und zischte.

Hundert Regenwürmer tummelten sich: tranken, badeten, gurgelten. Frischgewaschen beugten sie sich über den Grundwasserspiegel und machten ihre Faxen. Für all das hatte die Schlange keine Zeit. Hastig schluckte sie eine ganze Pfütze und schleppte das Wasser in ihrer Schlangenhaut nach oben.

Es war auch höchste Zeit. Die Wurzel des Bäumchens wuchs schon längst nicht mehr. Aber die kluge Schlange wusste Rat, nahm die Wurzel zum Mund und fütterte sie Faser für Faser mit Wasser.

Sofort grünte das Bäumchen wieder. Die Wurzel streckte sich und war bald lang genug, um selber bis ans Wasser zu reichen. Die Schlange musste freilich weitertauchen, denn noch immer durstete die Rose. So eilte sie wieder hinab in das Land der Pfützen, kam zurück mit vollem Bauch und spielte oben Wasserschlauch.

Und überall, wohin sie spritzte, blühte alles auf:

Am Baum die ersten Moose,
in der Ecke eine Hecke um die Rose,
ein Busch,
ein Strauch,
das Gras wuchs auch,
das Korn auf den Halmen
und ein ganzer Wald voll Palmen.

Die Schlange aber hatte endlich ihren Baum und schlängelte pausenlos an ihm hoch und runter. Der Baum hatte seinen Wüstenwind, und der Wüstenwind hatte seinen Wald. Der Kaktus aber stichelte noch immer, sooft er konnte, und freute sich riesig bei jedem Stich. Doch weiter spross das Grün in tausend Arten, und aus der Wüste wuchs ein Garten.

Damit du weißt, wie dieser Garten heißt:
Der Wüstengarten heißt »Oase«.
Dem Wanderer der Wüstenstraße liegt die Oase vor der Nase.

DAS HANGHUHN

Ein Bein ist kurz, ein Bein ist lang:
Drum läuft das Hanghuhn quer zum Hang,
steigt auf den Berg, spaziert ins Tal,
hält die Balance total genial.

Das geht die ganze Zeit schon so.
Mal steigt das Huhn aufs Hochplateau,
mal klettert's, wenn's den Hanghahn sucht,
auch tief hinunter in die Schlucht.

An manchen Hängen aber drängen
Hanghühner sich in rauen Mengen,
und läuft nur eins verkehrtherum ...,
wie dumm, schon dreh'n sich alle um

und purzeln aus den engen Gängen,
dann bleibt am Hang kein Hanghuhn hängen,
dann geht's bergab anstatt bergauf,
dann folgt ein wilder Abfahrtslauf.

Doch bricht dies Huhn sich nie den Hals,
denn außer klettern allenfalls
kann's auch mal flattern, auch mal schweben
und hat als Hanghuhn Lust am Leben.

DIE HÜHNERLEITER

Schon ein halber Hahn heißt Gockel,
kräht, wenn's geht, vom höchsten Sockel,
sei der auch ein Haufen Mist:
Hahn will hin, wo oben ist.

Hierfür stellt sich Hähnchen lange,
artig in die Warteschlange,
sieht hoch oben aber ... wen?
Stets den Obergockel steh'n.

So bleibt Hähnchen leider Zweiter,
grämt sich gründlich, wird gescheiter,
wartet nicht mehr doof im Hof,
schaut sich um: *Wo geht's zum Schwof?*

Guckt: *Wo glucken hier die Hennen?*,
lernt die ersten Hennen kennen,
hüpft vom Huhn zum Hühnchen weiter
aufwärts auf der Hühnerleiter.

MÄRCHEN ZUM ANBEISSEN

Es war einmal ein Knabe, der hieß Kalle Kannibale. Er wohnte auf einer einsamen Insel im wilden Ozean. Dort hatte seit Urzeiten das große Volk der Menschenfresser gehaust. Nun wohnten dort nur noch Kalle und seine Familie. Kalles Vater hieß King Kannibale und war als König tätig. Auch Kalles Großvater, sein Urgroßvater und Ururgroßvater waren früher Könige auf der Menschenfresserinsel gewesen. Die Mutter von Kalle hieß Konni Kannibale und war eine berühmte Köchin. Kalles Vater erzählte dem Sohn immer, die Mutter könne selbst aus dem garstigsten und struppigsten Seeräuber noch ein leckeres Menü zubereiten.

Aber ach! Eines Tages rief die Mutter ihre Menschenfresserchen zusammen und sagte: *Meine Lieben, wir haben nichts mehr zu essen. Entweder ihr geht schnell etwas holen, oder ihr müsst heute leider, leider hungrig ins Bett.* Du kannst dir sicher denken, wie sauer der kleine Kalle Kannibale da war. Aber das war noch gar nichts gegen den Zorn seines Vaters, des Königs. *Waaas!!!* – brüllte er, *nix zu essen im Topf! Was hast du denn den ganzen Tag über gemacht, Frau?* Aber da stemmte die Mutter die Hände in die Hüften und legte los: *Ich habe gewaschen und geputzt und das Baby geschaukelt, den Ofen geheizt, die Betten gelüftet ... und, und, und!*

Und dazu hast du den ganzen Tag gebraucht? – wunderte sich der König. *Das kann man doch bequem auch in einer halben Stunde erledigen!*

Ach, diese Menschenfresser wissen immer alles besser, stöhnte die Mutter. Doch dann dachte sie daran, wie der König den ganzen langen Tag auf seinem Thron gesessen und fleißig vor sich hin regiert hatte. Und weil er davon furchtbar hungrig sein musste, nahm die Mutter den kleinen Kalle Kannibale an die linke und ihren größten Topf in die rechte Hand und rannte zum Strand.

Doch Kalle sah wieder mal nirgendwo einen Menschen. Nicht mal ein fernes Schiff mit Menschen darauf war in Sicht. Die fuhren nämlich vorsichtshalber alle einen großen Bogen um die Menschenfresserinsel.

Kalle fing an zu quengeln und seiner Mutter Löcher in den Bauch zu fragen: *Was essen eigentlich die Leute, die keine Menschenfresser sind?*, wollte er wissen. Da wurde Kalles Mutter sehr verlegen, bekam einen roten Kopf und biss sich auf die Lippe. Denn beinahe hätte sie Kalle ein Geheimnis verraten, das sie ihm jetzt noch nicht verraten durfte. Der König hatte es nämlich verboten. Doch zum Glück fiel ihr gerade rechtzeitig eine Geschichte ein. *Deine Ururgroßmutter*, so fing sie an zu erzählen, *hatte einmal einen alten deutschen Professor im Kochtopf. Der war ganz und gar verknöchert und verknorpelt, und es dauerte eine Ewigkeit, bis er endlich gar war. Und um sich die Zeit zu vertreiben, bis er gefressen werden konnte, las der Professor deiner Ururgroßmutter, die auch Köchin war, ein Kochbuch vor, das er früher mal selbst geschrieben hatte. Das Buch hieß »Vegetarische Köstlichkeiten«, weil nämlich der Professor ein Vegetarier war, einer von denen, die gar kein Fleisch fressen. Und in diesem Kochbuch standen alle Pflanzen der Welt drin: Wo man sie pflückt und wie man sie am besten zubereitet, damit sie wenigstens ein bisschen schmecken. Wollen wir auch mal ein paar Pflanzen suchen, mein kleiner Kannibale?*, fragte Kalles Mutter. *Und probieren, ob sie vielleicht doch lecker sind?*

Au ja!, rief Kalle, der nicht nur hungrig, sondern auch neugierig war. Schnell pflückte nun die Mutter alle möglichen Salate und Spinatpflanzen, Kräuter und Kartoffeln – und Kalle Kannibale musste alles mit nach Hause schleppen. Schon von weitem hörten sie den Magen des Königs knurren. *Und*, rief er ihnen zu, *habt ihr einen netten Menschen gefunden?* Menschenfresser, so hatte Kalle gelernt, fraßen nämlich am liebsten Menschen, die sie auch zum Fressen gernhatten.

Doch die Mutter schüttelte den Kopf. Dann aber verschwand sie in der Küche und zauberte in aller Eile eine Kartoffelsuppe mit Spinat-Salatbeilage. Nach einer halben Stunde setzte sie dem König den Topf vor die Nase und sagte: *So, das ist ein Gericht aus Deutschland, du weißt schon, von dem Professor.* Aber da verzog der König das Gesicht. Denn der Professor hatte seinem Ururgroßvater, dem alten König, seinerzeit überhaupt nicht geschmeckt. Trotzdem nahm er seinen Löffel und stocherte ein wenig auf dem Teller herum. Als er aber das erste Blättchen Spinat in den Mund bekam, war ihm das so eklig, dass er es sofort ausspucken musste.

Und unglücklicherweise bekam der kleine Kalle Kannibale den Spinat ab. Der war davon so erschrocken, dass er gleich den ganzen Topf umschüttete. Da fing die Mutter an zu weinen, denn sie wusste nun gar nicht mehr, was sie auf den Tisch stellen sollte. Als der König die Mutter weinen sah, nahm er sie in den Arm, denn er hatte sie gern – wenn auch nicht zum Fressen gern. Und weil sie so traurig war, tanzte er mit ihr den Menschenfresser-Tango und sang im Takt der Schritte ein kleines Lied – und das ging so:

> *Lang ist – es her – dass ich vergaaaß,*
> *wann ich – den letz-ten Menschen fraaaß.*
> *Ach, Men-schenfres-sen ist kein Spaaaß,*
> *Ge-fres-sen-werden auch nicht –*
> *merkt euch das!*

Da plötzlich biss sich der König auf die Lippe. Denn jetzt hatte er selber aus Versehen das große Geheimnis verraten: Die fetten Zeiten der Menschenfresserei waren nämlich schon lange vorbei. Und vom Professor und dem Seeräuber im Topf hatte ihm auch nur sein Vater erzählt. Längst ernährte sich Familie Kannibale von Kalbslenden, Seelachs, Spargelspitzen und anderen *Scheußlichkeiten*, wie der König leise schimpfte. Doch Kalle Kannibales Vater war stets zu stolz gewesen, dies seinem Sohn gegenüber zuzugeben. Und nun merkte der Junge von allein, dass er ja gar kein richtiger Menschenfresser war. Und so beschloss er, hinaus in die Welt zu gehen und sich einen lieben Menschen zu suchen, um mit ihm das Versäumte nachzuholen.

Heimlich schlich er nachts aus der Höhle, nahm sein Schlauchboot und paddelte damit auf den Ozean hinaus. Bald kam ihm eine einzelne Schiffsplanke entgegengeschwommen. Auf der saß ein Matrose. Kalle Kannibale sagte ihm *Guten Tag* und erzählte, dass er ein Menschenfresser sei und was ihn bedrückte. Da zuckte der Matrose die Schultern und zeigte auf das Holzfass, das neben ihm auf der Planke stand. *Da war Schnaps drin*, sagte er. *Ich musste alleine den ganzen Schnaps von meinem untergegangenen Schiff trinken. Und weil der jetzt aller in meinem Bauch drin ist, darfst du mich nicht fressen, denn Schnaps ist nichts für Kinder.*

Kalle sah das ein und paddelte weiter. Bald kam ihm die nächste Schiffsplanke entgegengeschwommen, und wieder saß ein Matrose drauf. Kalle Kannibale sagte auch ihm *Guten Tag*, erzählte, dass er ein Menschenfresser sei und was ihn bedrückte. Doch auch dieser Matrose zuckte mit den Schultern. Er zeigte auf die Kiste, die neben ihm auf der Planke stand. *Da war Tabak drin*, sagte er. *Ich musste alleine alle Zigarren von meinem untergegangenen Schiff rauchen. Und weil es mir jetzt im ganzen Leib qualmt, darfst du mich nicht fressen, denn Zigarren sind nichts für Kinder.*

Kalle sah auch das ein und paddelte weiter. Es verging nun aber eine lange Zeit, in der ihm keine Menschenseele begegnete. Inzwischen merkte Kalle, wie er immer größer wurde und wie seine Beine schon über den Rand des Schlauchboots bis ins Wasser ragten. Eines Tages kam er an jenen Felsen, an dem das untergegangene Schiff zerschellt war. Nur die obere Schiffsspitze schaute noch aus dem Wasser, und am Mast klammerte eine kleine Matrosin. Kalle sagte ihr *Guten Tag*, erzählte, dass er ein Menschenfresser sei und was ihn bedrückte. Und weil ihm die Matrosin so gut gefiel, erzählte er ihr auch gleich noch von seinem Vater, dem König, und seiner Mutter, der Köchin, von den schmackhaften Seeräubern, dem knochigen und knorpeligen Professor und all den Tischgeschichten, die er von zu Hause kannte.

Die kleine Matrosin aber hing immer noch zitternd an ihrem Mast fest und sah ihn dabei so freundlich an, dass Kalle Kannibale sich ein Herz fasste und ihr sagte: *Komm mit auf meine Insel! Dort sollst du mein Festtagsbraten sein.* Die kleine Matrosin aber antwortete, dass sie ja gerne zu allem bereit wäre, wenn er sie nur endlich von diesem hohen Schiffsmast herunterholen würde.

Und so geschah es. Doch während sie nun beide heimwärts Richtung Menschenfresserinsel paddelten, kriegte Kalle großen Hunger. Deshalb wollte er bei der Matrosin, die er längst zum Fressen gernhatte, schon mal ein bisschen anbeißen. Aber die kleine Matrosin lächelte ihn listig an und sagte: *Mein lieber Kalle, wenn du mich fressen willst, dann bin ich doch gleich alle!* Worauf Kalle nur mit den Schultern zuckte. Er sagte: *Na und* – und küsste sie auf den Mund. Doch wie erschrak er, als ihn die Matrosin plötzlich zurückküsste.

Halt, halt, Moment!, rief er. *Wer ist jetzt hier der Menschenfresser?*

Das wirst du schon noch sehen, mein kleiner Kannibale, antwortete die Matrosin und küsste Kalle gleich nochmal. Und nochmal. Und nochmal.

Und wenn er nicht gefressen worden ist, dann küsst sie ihn noch heute.

DRACHENHOCHZEIT

Wenn die Drachen Hochzeit machen,
gibt's ja erstmal nichts zu lachen,

denn die Braut mit sieben Köpfen,
sieben Zöpfen, siebzig Knöpfen
muss sich sieben Stunden kleiden.
Und ihr Bräutigam ...?
                    Muss leiden.

Bindet dennoch sieben Binder,
sucht und findet sechs Zylinder.
Auf den Schopf vom siebten Kopf
pfropft er seinen Lieblingstopf,

singt mit seinen sieben Zungen
und aus sieben vollen Lungen
laut sein Liebeslied zur Leier –
dann erst hebt die Braut den Schleier.

Dann erst will sie mit ihm tuscheln,
mit ihm kuscheln und ihn wuscheln,
dabei kommt sie schnell ins Schwitzen,
weil die Hälse sich verfitzen.

Also wird es höchste Zeit,
dass der Drache Feuer speit.
Dass er sanft die Braut entflammt,
ist als Bräutigam sein Amt.

Weiß er, wie er's machen muss?
Zungen- oder Rachenkuss?
Beides, denn als wahrer Drache
kommt er nach und nach zur Sache.

Doch dann ...? Darf es richtig krachen,
wenn die Drachen Hochzeit machen.

Was gibt's denn da zu lachen?

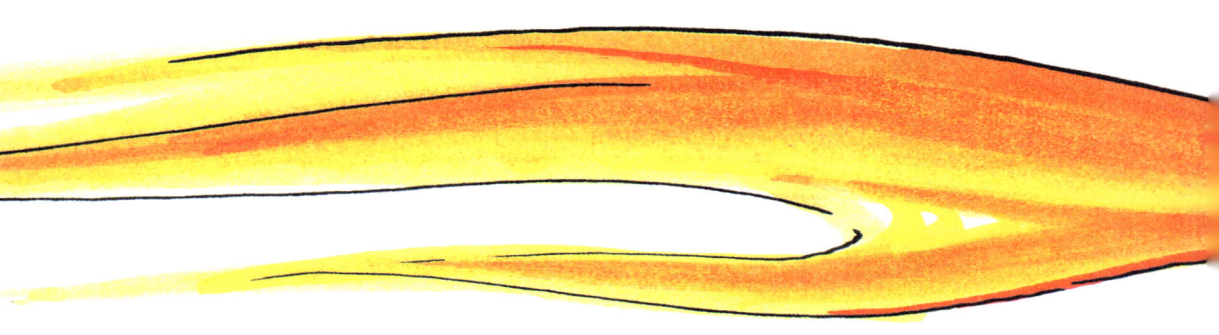

EIN SCHIMMEL TRABT AM ABENDHIMMEL

Ein Schimmel hat so einen Fimmel,
trabt immer mal am Abendhimmel,
und plötzlich siehst du ihn im Dunkeln
sekundenlang herunterfunkeln.

Schon ruft der Mann im Mond die Sterne:
Ihr wisst, ich hab' das Pferd nicht gerne!
Den ganzen Abend nur Getrappel,
der Himmel stinkt nach Pferdeappel!

Husch, husch, ihr Sternlein, meine Puppen,
holt eure Schnuppen aus dem Schuppen,
damit dem Pferde von der Erde
beizeiten heimgeleuchtet werde!

Und Sonne, Mond und Sterne, alle
sie bauen eine Magistrale
aus Lichtern, Blinkern, Lampen, Ampeln:
Nun soll der Schimmel heimwärts trampeln.

Doch darauf ist das Pferd nicht lüstern,
es bläht bloß ärgerlich die Nüstern,
dann schnaubt es schrecklich, bis es staubt
und unterhalb den Wald entlaubt.

Zwei Lichter rammen hart zusammen,
und zwischen Funken zischen Flammen.
Die Sterne stieben hoch nach oben,
die Schnuppen stürzen in die Tropen.

Ein Tropenmann ist eingenickt,
wacht auf, entdeckt das Pferd, erschrickt,
als ob's ein Ungeheuer wär'
und …? Holt sofort die Feuerwehr.

Die Feuerwehr spritzt mit dem Schlauch
zum Himmel, auf des Schimmels Bauch,
das Pferd schlägt aus, kommt aus dem Trab
und stürzt nun selbst vom Himmel ab.

Ein armer kleiner Zirkusreiter
sucht wieder einen Wegbegleiter.
Sein letztes Pferd kam ihm abhanden.
Da sieht er schon den Schimmel landen.

Jetzt kriegt der Reiter seinen Fimmel,
springt hoch und schwingt sich auf den Schimmel
und reitet einmal um die Welt –
nach Hause: in sein Zirkuszelt.

DIE MÄRCHENSTRASSE

Märchenstraße 1:
Raus guckt König Heinz,
denn das Haus ist seins,

ist famos, ein Schloss.
König Heinz als Boss
thront im Erdgeschoss

mit der Königin,
Prinz wohnt oben drin,
einer – immerhin!

Unterm Dach, juchhe!,
auf dem Kanapee
liegt Fee Dorothee.

Hexe, Riese, Zwerg
gehen hinterm Berg
an ihr Tagewerk.

Märchenstraße 2
wartet ein Lakai,
parkt die Polizei.

Märchenstraße 3
hausen dicht dabei
Räuber Roy und Kay.

Nächste Tür, schon hier,
Märchenstraße 4,
wohnt Familie Wir.

INHALT

Ritter Dieter rettet Rita **5**

Das Küchenungeheuer **11**

Nessie, happy Monsterin **15**

Sonnenkönig Schludrig **21**

Gewöhnlich stöhnt ein König **25**

Der Polizist von China **27**

Purzelbaum nach Afrika **31**

Das Hanghuhn **41**

Die Hühnerleiter **43**

Märchen zum Anbeißen **45**

Drachenhochzeit **53**

Ein Schimmel trabt am Abendhimmel **57**

Die Märchenstraße **61**

2018
© mdv Mitteldeutscher Verlag GmbH, Halle (Saale)
www.mitteldeutscherverlag.de

Einband und Illustrationen: Thomas Leibe

Gesamtherstellung: Mitteldeutscher Verlag, Halle (Saale)
Lektorat: André Schinkel, Halle (Saale)

ISBN 978-3-95462-996-1

Printed in the EU